CULTURA DIGITAL Y DE LA INFORMACIÓN

CIBERSEGURIDAD

PROTEGE TU IDENTIDAD Y TUS DATOS

MARY-LANE KAMBERG

TRADUCIDO POR ALBERTO JIMÉNEZ

rosen publishing's
rosen central

New York

Para Hope Alaimo

Published in 2018 by The Rosen Publishing Group, Inc.
29 East 21st Street, New York, NY 10010

First Edition

Library of Congress Cataloging-in-Publication Data

Names: Kamberg, Mary-Lane, 1948- author.
Title: Ciberseguridad: protege tu identidad y tus datos / Mary-Lane Kamberg, translated by Alberto Jiménez.
Description: New York : Rosen Central, 2018. | Series: Cultura digital y de la información | Includes bibliographical references and index. | Audience: Grades 5-8.
Identifiers: ISBN 9781477789988 (library bound) | ISBN 9781499439786 (pbk.) | ISBN 9781499439847 (6 pack)
Subjects: LCSH: Computer security—Juvenile literature. | Computer networks—Security measures—Juvenile literature.
Classification: LCC QA76.9.A25 K36 2018 | DDC 005.8—dc23

Manufactured in the United States of America

CONTENIDO

	Introducción	4
Capítulo 1	Héroes y villanos	7
Capítulo 2	Virus, troyanos y gusanos	13
Capítulo 3	Prevención y cura	19
Capítulo 4	Malos personajes	26
Capítulo 5	Vigilantes mundiales	32
	Glosario	39
	Para más información	40
	Más lecturas	43
	Bibliografía	44
	Índice	46

INTRODUCCIÓN

Durante la temporada navideña de diciembre de 2013, las tiendas de descuentos Target, con sede en Minnesota, Mineápolis, sufrieron el mayor ciberdelito conocido contra un solo vendedor en Estados Unidos. Según *Los Angeles Times*, el doble ciberataque afectó a 110 millones de clientes, algo más de un tercio de la población estadounidense.

De acuerdo con *Business Insider,* los atacantes se infiltraron en los terminales punto de venta de 1,797 tiendas de Estados Unidos y 124 de Canadá. Estos terminales son sistemas de control donde los clientes pasan su tarjeta de crédito o débito al pagar sus compras. El pirateo afectó a quienes pagaron personalmente con tarjeta, pero no a los que compraron en línea. Con la información robada, los delincuentes fabricaron tarjetas con números de cuenta y de información personal (PIN, por sus siglas en inglés) correctos. El PIN identifica al cliente bancario cuando utiliza una tarjeta de crédito o débito.

Al mes siguiente, Target informó de un segundo ataque. Esta vez, los ladrones iban detrás de nombres, direcciones, números de teléfono y direcciones de correo electrónico o *email;* el pirateo afectó a compras físicas y en línea. Con los datos de ambos ataques, los delincuentes pudieron comprar, sacar dinero de cuentas bancarias y utilizar Internet como si fueran los propietarios. Bajo nombres falsos, cometieron fraudes y otros delitos.

El icono de un candado junto a *https* en la barra de direcciones del navegador, representa un enlace encriptado de Secure Sockets Layer (SSL) entre un servidor web y un navegador, y protege las transacciones en línea.

Los propietarios de negocios deben estar alerta para evitar el robo del número de tarjeta y otros datos de sus clientes. El ataque de 2013 costó a Target 290 millones de dólares, según la agencia internacional de noticias Reuter.

Todos corremos el riesgo de que nos roben información personal de computadoras, *smartphones*, *tablets* y otros dispositivos. Proteger el equipo, la identidad personal y los números de cuenta es la labor de los expertos en ciberseguridad. Sin embargo, no solo deben tener cuidado los negocios. La mayoría de los jóvenes que crecieron con Internet se conectan desde que son muy pequeños, y sus padres y abuelos pasan también conectados gran parte del tiempo. Para muchos es fundamental el uso de las redes sociales, el correo electrónico o *email* y otras actividades en línea, ya que son un modo primordial de interacción social y una de las principales formas de llevar a cabo operaciones bancarias y otras actividades comerciales.

Como nuestra vida cotidiana se digitaliza cada vez más, el daño que desconocidos hostiles y remotos pueden hacernos no hace sino crecer. Las amenazas incluyen delitos financieros y estafas, así como actos para el robo de identidad que pueden dejarnos sin dinero, arruinar nuestra reputación e incluso exponernos a sufrir el peso de la ley.

Basándose en las prácticas y recomendaciones de los expertos, los particulares pueden tomar pasos para impedir las intrusiones digitales y protegerse contra quienes pretenden poner en peligro su privacidad, apropiarse de su identidad o robar sus datos. El sentido común, el uso adecuado de la tecnología y la vigilancia continua son algunas de las mejores defensas contra uno de los delitos más corrientes de nuestro tiempo.

Capítulo 1

Héroes y villanos

Tan solo cuatro años después del nacimiento de Internet en 1982, se detectó un virus de computadora personal originado en Pakistán. Se llamaba Brain. Cuando un usuario metía un disquete en una computadora infectada, el virus atacaba la primera parte del disco flexible, y la unidad de disco se desaceleraba. Además, el ataque inhabilitaba siete *kilobytes* de la memoria del sistema operativo. Un *byte* es una unidad de medida que sirve para describir el tamaño de la memoria de la computadora. Suele consistir en ocho dígitos binarios que operan como una unidad. El *kilobyte* equivale a 1,024 *bytes*, u 8,192 dígitos. Aunque Brain fue el primer virus de PC, no sería el último; todos los días aparece un nuevo *software* malicioso o *malware*.

En 1989, Robert Morris creó una nueva amenaza conocida como *el gusano Morris*. Se duplicaba y se extendía tan deprisa que afectó a casi todo Internet, que por entonces contaba apenas con un puñado de usuarios. Aquel fue el primer ataque extenso de denegación de servicio (DoS, por sus siglas en inglés). El objetivo de este tipo de ataque es impedir que los usuarios legítimos accedan a información o servicios.

Antes de la popularización de Internet, los virus solían propagarse a través de los disquetes, principal herramienta de almacenamiento e intercambio de datos entre los años setenta y noventa del pasado siglo.

Por ejemplo, cuando un usuario teclea una URL en el navegador, pide ver una página en un servidor web. En un ataque DoS, el intruso satura la red con peticiones, y como el servidor solo es capaz de procesar cierto número, el usuario legítimo no puede acceder al sitio. Según Symantec, el gusano Morris perjudicó a seis mil computadoras, más o menos el 10 % de todas las que había por entonces en Internet. Cuando el ataque se lanza desde muchas fuentes al mismo tiempo, se denomina *denegación de servicio distribuido* (DDoS, por sus siglas en inglés).

¿Quién hace esto?

El pirata, o *hacker*, es un programador que desarrolla o modifica *software* para entrar en computadoras ajenas. A veces pretende dañar los sistemas, cerrarlos o robar información privada con fines ilegales; otras ayuda a particulares y empresas a resolver problemas de los sistemas computacionales.

Se cree que los piratas aparecieron entre 1984 y 1985 en el Reino Unido, cuando ciertos usuarios que llegarían a ser llamados *hackers* cometieron una serie de intrusiones electrónicas. Entre ellos estaban los periodistas tecnológicos Robert Schifreen y Steve Gold, que accedieron a los correos electrónicos del príncipe Felipe de Edimburgo, en el servicio de correo electrónico Prestel Viewdata.

Como en aquel tiempo el Reino Unido carecía de leyes contra el delito computacional, los periodistas fueron acusados de violar el Forgery and Counterfeiting Act (1981) por falsificar la contraseña para entrar en el correo. Tras la apelación, la condena se anuló. No obstante, el suceso incitó al Parlamento a promulgar el Computer Misuse Act en 1990.

Hackers de todo tipo

Hay tres tipos principales de *hackers*: los de sombrero blanco (los buenos), los de sombrero negro (los malos) y los de sombrero gris, que caen más o menos en medio. Los sombreros blancos usan sus habilidades con propósitos loables, como escribir y compartir *software* con la comunidad de usuarios y concienciar sobre la importancia del *software* gratuito.

En 1988, Robert Morris, titulado por la Universidad de Cornell, creó el gusano Morris, que estropeó miles de computadoras.

También ayudan a particulares, empresas u otras organizaciones a librarse de virus. A veces, entran en las computadoras para identificar puntos débiles (prueba de penetración) y, si los encuentran, recomiendan cómo fortalecerlos para evitar ataques.

El lado oscuro

Los *hackers* de sombrero negro entran en sistemas operativos de bancos y otras compañías para robar directamente o acceder a información de tarjetas de crédito que puedan vender en el mercado negro o usar para comprar.

Se apropian de números de la Seguridad Social o cuentas bancarias a fin de sacar fondos o pedir tarjetas en nombre de otros. Espían historias

Las tiendas Target sufrieron dos ciberataques en la temporada navideña de 2013. Los *hackers* robaron números de tarjetas de crédito y débito, así como información de contacto personal. Casi cuarenta millones de tarjetas de clientes resultaron afectadas.

clínicas o los nuevos productos que desarrolla una empresa, se infiltran en sistemas de almacenamiento de datos gubernamentales y roban documentos militares u otra información confidencial.

En ocasiones, controlan una computadora ajena y chantajean al dueño para devolverle el control, o la utilizan para cometer delitos. Como se ve, los pirateos de los sombreros negros son un delito.

File Edit View Favorites Tools Help

SOMBREROS DE MUCHOS COLORES

Sombreros de muchos colores

A diferencia de los llamados *sombreros blancos, sombreros negros* o *sombreros grises*, ciertos *hackers* tienen un sentido de la moda más colorido. Las definiciones varían por Internet, pero estas son algunas de las más corrientes:

- Los *hackers* de sombrero verde son los recién llegados. Todavía no saben mucho sobre pirateo, pero están ansiosos por aprender. Se ponen en contacto con otros *hackers* y les hacen un montón de preguntas con la esperanza de convertirse en expertos. En inglés también se llaman *newbies* o *n00bz*.
- Los *hackers* de sombrero rojo toman la ley por sus manos. Si descubren a un sombrero negro, no informan de su actividad maliciosa: van a por él. Intentan anularlo entrando en sus computadoras para infectarlas con virus o destruirlas. En ocasiones, el gobierno de un país los contrata para inutilizar los sistemas TI de otra nación.
- Los *hackers* de sombrero azul quieren vengarse, para lo que utilizan algunas de las técnicas de los sombreros rojos. La diferencia es que atacan a personas u organizaciones que, en su opinión, los han perjudicado.

Los sombreros grises buscan puntos débiles en los sistemas de seguridad de las computadoras, pero no los utilizan para obtener beneficios personales. Trabajan sin permiso del propietario y, normalmente, sin mala intención. Aunque a veces contactan a la compañía para ofrecerle mejoras en su seguridad, otras hacen públicos los puntos débiles, y los sombreros negros los aprovechan para infiltrarse en el sistema antes de que la empresa pueda repararlos.

Sus actividades son como mínimo poco éticas, y en ocasiones ilegales. Poner en peligro un sistema computacional sin permiso del propietario va contra la ley, sea cual sea la intención del *hacker*.

En 1989, año del lanzamiento del gusano Morris, Internet era ya una herramienta fundamental de comunicación, razón por la cual los usuarios empezaron a preocuparse por la seguridad y la privacidad. Esto condujo a la creación de la industria de la ciberseguridad, el conjunto de métodos que protegen programas, datos y sistemas operativos de redes computacionales, computadoras y demás dispositivos inalámbricos contra ataques o accesos no autorizados. Hoy es fundamental para empresas, gobiernos, organizaciones y particulares de todo el mundo.

Capítulo 2

Virus, troyanos y gusanos

Cualquiera que esté dispuesto a sabotear computadoras, *tablets*, *smartphones* u otros dispositivos tiene múltiples formas de hacerlo. Los programas diseñados para sembrar el caos se conocen como *softwares maliciosos*, *malware* para abreviar, y hacen referencia a virus, troyanos, gusanos y espías (*spyware*).

Los virus borran datos u otra información del disco duro de la computadora. Se difunden por Internet, se adentran en los aparatos y cambian su forma de operar sin que se de cuenta el propietario. Actúan solos, normalmente desde un archivo infectado. Además, se duplican, lo que les permite propagarse a otras computadoras. Dañan programas, borran ficheros o reformatean discos duros; en ocasiones ocupan espacio en la memoria del sistema o provocan el fallo de la máquina.

Destruir desde dentro

En 1995, Carl-Fredrik Neikter lanzó el troyano Netbus. Un troyano es un programa que controla a distancia la computadora infectada. Puede parecer inofensivo, pero se trata de un impostor que permite al *hacker*

File Edit View Favorites Tools Help

VIRUS AL ATAQUE

Virus al ataque

Existen cinco tipos principales de virus que perjudican a las computadoras de manera distinta:

- Los **virus macros** atacan los archivos de datos. Son los más frecuentes y los que más tiempo y dinero cuesta eliminar.
- Los **virus de fichero** corrompen los archivos de programa que acaban en .com y .exe, y después se extienden a otros archivos.
- Los **virus de arranque** afectan a la parte del disco duro que sirve para arrancar —o cargar— el sistema operativo. Se activan cuando el usuario intenta poner en marcha una computadora que tiene el virus almacenado en la memoria.
- Los **virus de registro** trabajan como los de arranque, aunque su forma de entrar en la computadora es distinta. Ambos impiden arrancarla para empezar.
- Los **virus múltiples** infectan los archivos de programa y el arranque. Si el usuario arregla el sector de arranque pero no los archivos, los virus infectan de nuevo el sector de arranque.

destruir o robar información. A diferencia del virus, no se propaga por duplicación, sino que debe ser "invitado" a la computadora a través de una descarga de la víctima potencial.

Recibe su nombre del famoso caballo en el que los soldados griegos se ocultaron para invadir la ciudad de Troya según la mitología griega. Después de Netbus, aparecieron otros muchos. Uno afectó a los usuarios estadounidenses enviándoles *emails* con archivos adjuntos que contenían el código dañino. Si el usuario abría el archivo, liberaba el código que infectaba la computadora.

Malditos gusanos

Iconos o accesos directos aparecen de pronto en el escritorio de la computadora, esta funciona mucho más despacio y no dejan de abrirse *pop-ups*. ¿Qué está pasando? Puede que la haya infectado un gusano, uno de los tipos más frecuentes de *malware*. Se trata de un programa que utiliza partes del sistema operativo sin que lo sepa el usuario y se copia sin parar, hasta que utiliza tantos recursos de la computadora que la desacelera o la detiene. Aunque se clasifica como virus, el gusano tiene otras características. La principal diferencia está en la propagación: el virus necesita la intervención humana, por ejemplo que se abra un archivo o se ejecute un programa, mientras que el gusano se difunde solo.

Un virus es uno de los tipos de *software* malicioso, o *malware*. Además de dañar programas y ficheros, puede ocupar espacio en la memoria de la computadora para dificultar o imposibilitar su utilización.

Su objetivo es duplicarse para infectar otras computadoras y, a diferencia del virus, no necesita archivos portadores. No obstante, puede meterse en Word, Excel u otros documentos, y llega a convertirlos en gusanos propiamente dichos. Luego envía copias de sí mismo a otras computadoras mediante *emails*, páginas web, mensajes instantáneos u otros medios.

Disfrazados con ingenio

El *malware* que recopila datos de los usuarios sin dejar pistas se denomina *spyware* o *programa espía*. Entra en la computadora a través de sitios web sospechosos o peligrosos, o mediante archivos adjuntos de *emails*.

En 2012, el huracán Sandy dejó sin electricidad a varias zonas de la ciudad de Nueva York, lo que obligó a muchos residentes a alumbrarse con velas. El Gobierno cree que los ciberataques podrían causar apagones similares.

Los *hackers* lo utilizan para conseguir información personal, como nombres de usuario, contraseñas o números de tarjetas de crédito; para espiar el uso de Internet de un particular; para el espionaje político o industrial; y, en el sector privado, para el robo de secretos empresariales. Los ciberespías se apropian de información confidencial con fines económicos, políticos o militares. Casi no existe potencia mundial que no se vea afectada por algún tipo de fisgoneo en línea.

Otra amenaza es el *adware*, programa publicitario que a veces actúa como espía. Sin embargo, suele ser un programa gratuito (llamado a veces *freeware*) que ofrece ventajas como barras de herramientas, búsquedas avanzadas en Internet o juegos. Los que quieren publicidad pagan el costo del programa a cambio de mostrar anuncios cuando aquel se abre. Casi todo el *adware* es relativamente inofensivo, aunque a veces ralentiza el navegador y afecta a otros programas. Sin embargo, en ocasiones se apropia de información que el usuario no desea compartir, como los sitios web que visita. En este caso, los patrocinadores utilizan esa información para enviar publicidad a usuarios específicos.

Ir de *phishing*

Los llamados *phishing* y *botnets* son otros de los peligros que acechan en línea. Con el primero, por medio de una suplantación de personalidad, se engaña a particulares para sonsacarles información personal. La víctima recibe un correo electrónico de una empresa que parece respetable y que le solicita datos personales para verificar sus registros, por ejemplo.

La *botnet* es una red de computadoras o dispositivos que contienen *malware*. Los delincuentes acceden a ellos sin conocimiento de los usuarios y los controlan a distancia. Con la información obtenida realizan nuevos ataques, mediante correo basura o falsificación de tarjetas de crédito. Lo habitual es que el usuario ignore que su *hardware* está infectado, porque las *botnets* pueden estar inactivas y activarse en cualquier momento desde un servidor remoto o un *bot* cercano. Entre sus muchas finalidades están el envío de correo basura o la generación de ataques DDoS. Pueden incluso manipular las computadoras infectadas (y otras) al hacer clic en los enlaces publicitarios que generan dinero y proceden de falsos comerciantes que son cómplices con el creador del *botnet*.

Muchos particulares asocian las amenazas de Internet exclusivamente con su computadora o su portátil, pero también afectan a dispositivos inalámbricos como celulares, *tablets* y sistemas de juegos. Estos dispositivos son incluso más accesibles para los delincuentes, ya que muchos usuarios no los protegen con un *software* antivirus o ni siquiera con una contraseña.

Según la encuesta Harris de 2013, menos del 50 % de los propietarios de dispositivos inalámbricos tenían contraseñas o PIN, y solo la mitad de los usuarios de dispositivos móviles para banca en línea utilizaban encriptación o *software* de seguridad. Además, menos del 33 % protegían sus dispositivos inalámbricos con antivirus, frente al 91 % que sí protegía con él su computadora o su portátil. Por suerte, hay medidas de seguridad disponibles para evitar problemas.

Capítulo 3

Prevención y cura

La importancia de Internet como herramienta para los negocios, la investigación escolar y las relaciones sociales, hace necesaria la protección de computadoras y otros dispositivos inalámbricos. El primer paso es asegurarse de tener antivirus, no solo en computadoras, sino también en *tablets*, *smartphones*, juegos y cualquier otro aparato con conexión a Internet. El antivirus protege contra los ataques y elimina muchos tipos de *malware*.

Numerosas compañías, como McAfee, Norton y Microsoft, lo venden por suscripción. ¿Cuál elegir? Depende del sistema operativo del aparato y del uso que se dé a este. Los jugadores, por ejemplo, necesitan distinta protección que la diseñada para *emails* u operaciones bancarias en línea.

Los usuarios de Internet que anden escasos de recursos pueden optar por antivirus gratuitos, como Panda, AVG y BitDefender. Además, hay muchos sitios, sobre todo los relacionados con comercio electrónico u otras transacciones (como las operaciones bancarias en línea) que protegen la información financiera cuando los usuarios se conectan con perfiles

El ataque de *malware* puede tomar por sorpresa al usuario o producirse sin que se entere. La protección antivirus previene muchos tipos de daños potenciales.

bancarios y otra información. Sin embargo, lo mejor es disponer de un buen antivirus, y el viejo dicho sigue vigente: lo bueno se paga.

Es aconsejable informarse de las valoraciones y certificados de agencias como VB100%, Checkmark, ICSA Labs, AV-Test, AV-Comparatives o NSS Labs. Las pruebas gratuitas ayudan a decidir la opción de compra. Después de instalarlo, se debe hacer un escaneo de seguridad siempre que se descarga una nueva aplicación o se conecta un puerto USB u otro dispositivo externo. Hay que mantener actualizados el *software*, el navegador y el sistema operativo, y permitir la instalación de las actualizaciones automáticas. Estas, llamadas *parches*, son piezas de código diseñadas por los fabricantes para evitar virus y otros problemas y fortalecer puntos débiles recién descubiertos.

Sabiduría web

Las nuevas computadoras suelen contener un *software* extra, conocido como *bloatware* o *software hinchado*. Conviene borrar los programas innecesarios (los que no se necesitan para que el aparato funcione con seguridad). Muchos tienen puntos débiles que los delincuentes aprovechan.

Cuidado con los enlaces de *emails*, *posts* de medios sociales y publicidad en línea, incluso si parecen provenir de fuentes seguras. Si resultan sospechosos, hay que borrarlos sin abrirlos. Conviene mirar bien los programas que muestran u ofrecen publicidad antes de descargarlos, para comprobar que la fuente es fiable, y leer previamente los acuerdos de privacidad.

Además de instalar un programa antivirus, los usuarios deben tomar sus propias precauciones de seguridad, basadas en el sentido común, cuando entren en línea vía wifi.

Al hacer operaciones bancarias o compras, es necesario que las URL empiecen o terminen con *s*. Las seguras empiezan con *https://* o con *shttp://* e incluyen el icono de un candado. No hay que hacer operaciones bancarias ni compras en puntos de acceso wifi, accesibles desde cafés, bibliotecas, hoteles u otros lugares con Internet gratuito. Además, conviene inhabilitar la conexión Bluetooth, a menos que ya se esté a salvo en casa. Bluetooth utiliza ondas de radio para conectar aparatos entre sí a corta distancia. Por desgracia, también permite que los aparatos de otros se conecten al nuestro… sin permiso.

File Edit View Favorites Tools Help

NO TE LO CREAS

No te lo creas

En línea, las estafas están a la orden del día. No te fíes de nada que parezca extraño o demasiado bueno para ser verdad, lo que incluye:

Concursos o loterías que exijan dinero o información personal. Si te apuntas, usa una contraseña que no utilices en ninguna otra parte.

Ofertas de trabajo en casa que prometan dinero a cambio de reenviar las mercancías recibidas. Investígalas en línea, o llama para obtener más información. Pregunta a la policía local si determinadas firmas son de fiar.

Las estafas de *phishing* se sirven de compañías que parecen reales, quizá incluso de empresas de las que eres cliente. Sin embargo, sus *emails* son fraudulentos y sus sitios web falsos. Sus *emails* suelen enlazar con el "sitio web de la compañía", que intenta averiguar información personal. En lugar de hacer clic en esos enlaces, visita el sitio web de la compañía real para ver si te enviaron algún mensaje.

Si eres víctima de alguno de estos ciberdelitos, denúncialo a la policía local, la fiscalía del Estado y/o el Internet Crime Complaint Center (IC3), asociación entre el FBI y el National White Collar Crime Center.

No se deben poner números de cuentas en *emails*, mensajes instantáneos u otras comunicaciones en línea. Lo mismo es aplicable a la información personal: fecha de nacimiento, nombre de soltera de la madre, nombre de la mascota o cualquier otro dato que nos identifique en redes sociales. Los delincuentes no duermen. Pueden relacionar información de distintas fuentes para averiguar nuestras contraseñas.

En muchos casos, la infección de *malware* se evita simplemente no haciendo determinadas cosas:

- No hay que descargar archivos de *emails* o sitios web sospechosos o desconocidos.
- No se deben abrir *emails* de extraños.
- No se debe hacer clic en enlaces de *emails*, medios sociales o sitios web desconocidos.

Déjame entrar

Conviene cambiar las contraseñas que incluye el fabricante en los dispositivos nuevos, ya que suelen ser poco seguras, y habilitar el *auto-lock* (bloqueador de teclado) del celular. Hay que crear contraseñas efectivas, lo bastante complicadas como para que sean difíciles de suponer, aunque resulten fáciles de recordar. No se deben poner fechas de nacimiento, nombres de mascotas ni otros datos personales de fácil acceso. Deben tener más de seis caracteres, combinando mayúsculas, números y símbolos como &, % o !. Prueba una frase fácil de recordar, del tipo "Megustaelfútbol" o "Déjamentrar".

Hay que cambiar de contraseña en cada sitio que se visite, para que los delincuentes que descubren una no puedan utilizarla en otro lugar, escribirlas todas en una lista y esconderlas. No hay que decírselas a nadie..., ni a los amigos íntimos, ni guardarlas en una computadora que no sea la propia. Incluso conviene no conservarlas en los sitios web. Hay que cambiarlas a menudo. Si se recibe una notificación de que se cambió alguna y realmente no se hizo el cambio, hay que ponerse de inmediato en contacto con la compañía en cuestión.

En caso de duda, para reparar un disco duro o eliminar *malware* consulta a un profesional. En el peor de los casos, aunque sea caro, el fabricante podrá ayudar.

Síntomas de *malware*

Aunque a veces una computadora se infecta sin que el propietario llegue a notarlo, lo habitual es que el *malware* deje síntomas:

- Mensajes de error del navegador porque no puede mostrar una página web.
- Navegador congelado o que no responde.
- Cambio de página de inicio.
- *Pop-ups* desconocidos o frecuentes.
- Nuevas barras de herramientas.
- Funcionamiento ralentizado.
- Nuevos iconos en el escritorio.
- Panel de control que no se abre.
- *Emails* sin remitente o sin asunto.

Si un dispositivo se infecta, es probable que el antivirus lo remedie. Si no, no intentes arreglarlo, a menos que seas un programador experto. Recurre a un adulto o a un técnico de confianza, o llama a un profesional. Hay empresas y particulares que disponen de las herramientas precisas para limpiar el equipo y eliminar el *malware*, como Office Depot o los Geek Squad de las tiendas Best Buy.

MITOS y HECHOS

MITO **Los virus pueden dañar el *hardware*.**

HECHO Los virus no dañan el equipo, ni siquiera cuando lo inutilizan hasta que se descubre el problema o se eliminan.

MITO **La mayoría de los *hackers* son adolescentes que causan problemas para divertirse.**

HECHO Algunos son delincuentes expertos en computación que atacan sitios web a fin de robar datos, como números de tarjetas de crédito, para beneficiarse o para cerrar el sitio por diversión o venganza, entre otras razones. Otros acceden a sistemas de computadoras para identificar puntos débiles, fortalecerlos y evitar futuros ataques.

MITO **No pasa nada si te reunes en persona con alguien que has tratado en un chat, siempre que hayas visto su foto y tengas mucho en común con él o ella.**

HECHO Nunca se puede estar seguro de la identidad de alguien que se conoce en línea.

Capítulo 4

Malos personajes

El *malware* solo es uno más de los peligros de Internet. Otros son los ladrones o usurpadores de identidad, los acosadores, los ciberintimidadores y los depredadores. Los ladrones de identidad, en particular, recopilan información personal de su víctima, como el teléfono o el domicilio, con el fin de usarla en su lugar. En ocasiones, utilizan incluso datos de un niño para diversos fines, como solicitar tarjetas de crédito y comprar en línea, lo que a veces no se descubre hasta que la víctima cumple la edad necesaria para solicitar una tarjeta y ve que su calificación de crédito es negativa.

En la temporada de impuestos, roban números de la Seguridad Social para rellenar declaraciones falsas y obtener las devoluciones. Otros usan nombres, fotos y demás información personal para crear cuentas falsas en los medios sociales. De forma similar, los usurpadores de identidad médica, que son cada vez más, consiguen fármacos de forma ilegal. A fin de no caer en sus redes, además de utilizar las medidas preventivas que protegen los dispositivos del *malware* y de los ataques de *hackers*, hay que ser precavido con la información que se comparte en los medios sociales, y no dar

Los usuarios de computadoras deben proteger sus tarjetas de crédito, contraseñas e información de contacto de los ladrones en línea que pretenden robarles el dinero o hacer compras con él.

el nombre del banco ni el de los sitios web donde se compra. Cuanto más sabe el usurpador, más fácil le resulta actuar en tu lugar.

Robo de identidad en las redes sociales

La usurpación social de identidad suele ser la herramienta preferida para la ciberintimidación, forma de llamar a la intimidación (comportamiento agresivo que pretende perjudicar o controlar a la víctima) cuando se comete en línea. Según SaveTeenRapp.org, más o menos el 50 % de los jóvenes la sufren. Los delincuentes suplantan a la víctima para hacer o decir cosas que la perjudiquen, como arruinar su reputación con falsos *posts*. Además, la atormentan con un lenguaje cruel u odioso, le roban imágenes embarazosas o explícitas para enseñarlas, o revelan su información personal, exponiéndola a posteriores daños. Las víctimas deben denunciarlo; si la intimidación ocurre en medios sociales, deben notificarlo a los administradores del sitio. Facebook y YouTube, por ejemplo, suelen responder con seriedad a las quejas.

Hay que bloquearlos en los medios sociales y demás canales y, si es preciso, cambiar la dirección del correo electrónico. Los intimidadores se alimentan de la reacción de su víctima. Las respuestas hostiles pueden empeorar la situación. Hay que anotar los incidentes y guardar copias de los mensajes. Si el asunto empeora o incluye amenazas, será necesario denunciarlo a la policía.

Los ciberintimidadores dan información personal de la víctima en medios sociales para avergonzarla o aterrorizarla. Algunas formas de ciberintimidación son delitos.

"Admiradores secretos"

Los ciberacosadores usan la tecnología para amedrentar o amenazar a su víctima. Envían correos o mensajes, llaman al celular o postean acusaciones falsas. A veces la espían para saber cómo utiliza Internet. El ciberacoso suele intensificarse y dar paso al acoso o incluso a la violencia real.

La prevención es una buena forma de evitarlo.

File Edit View Favorites Tools Help

ADOLESCENTES EN LÍNEA

Adolescentes en línea

La Polly Klaas Foundation es una organización nacional sin ánimo de lucro dedicada a la seguridad de la infancia; investiga las prácticas en línea de los adolescentes para identificar los comportamientos de riesgo. Tras encuestar a 732 menores de trece a dieciocho años, encontró los siguientes signos de alarma:

- Los adolescentes suelen comunicarse con desconocidos a través de mensajería instantánea (54 %), correo (50 %) y chat (45 %).
- Casi la mitad (42 %) postean información personal para que otros los contacten.
- A más de la mitad (56 %) les hacen preguntas personales.
- La cuarta parte (25 %) propone a algún conocido en línea que podrían conocerse en persona.
- La misma cantidad habla de sexo con desconocidos, y más de un tercio (37 %) recibe enlaces con material sexual explícito.

Debemos buscarnos en Google para ver qué datos nuestros están a disposición de otros, y borrarlos si podemos. También hay que borrar o proteger las agendas en línea que den pistas sobre nuestros horarios.

Si nos acosan, debemos guardar copias de todos nuestros contactos en línea y apuntar fechas, horas y cualquier rasgo de la situación. Si se conoce la identidad del acosador, hay que enviarle un mensaje escrito que manifieste con claridad la oposición a cualquier tipo de contacto e ignorar sus mensajes. Conviene presentar una queja con el ISP (en español, proveedor de servicios de Internet) del acosador y con el nuestro, y ver si este tiene alguna manera de impedir sus

Los ciberacosadores pueden intensificar su ataque en línea e incluso violar la ley y hostigar personalmente a sus víctimas.

comunicaciones. El acoso es un delito en todo Estados Unidos. Hay que llamar a la policía, pero cuidado: el acosador podría localizar nuestro dispositivo inalámbrico. Conviene cambiar de dirección de *email* y de ISP. Sin embargo, lo primero es hablar con la policía, ya que a veces pide que se mantengan esas cuentas durante la investigación.

Proposiciones indecentes

Pese a que muchas de las personas que encontramos en línea son decentes y honradas, nunca se sabe con certeza quién es el otro, sobre todo si es el que nos busca. Algunas personas buscan menores, mienten sobre su edad e identidad, y a veces hasta los suplantan. Puede que se muestren comprensivos con temas propios de la adolescencia, para crear un vínculo. Además de hacer insinuaciones sexuales indeseadas, a veces quieren causar daños físicos.

Nuestro *nick* (nombre de usuario) no debe dar pistas sobre nuestro género. No hay que decir la edad, la escuela, el teléfono, la dirección ni la población, ni rellenar perfiles personales, a menos que se les pueda dar privacidad. No debemos admitir desconocidos en chats o grupos privados ni responder a sus mensajes ni descargar las imágenes que envíen. Lo que es más importante, no hay que acceder nunca a conocerlos en persona. Si recibes amenazas, díselo a tus padres o a un adulto en quien confíes y denúncialo a la policía local.

10 PREGUNTAS PARA UN EXPERTO EN CIBERSEGURIDAD

1 ¿Necesito protección antivirus en mi celular?

2 Si mi computadora se estropea, ¿podré restaurar mis archivos de datos?

3 Si al escanear mi computadora con el antivirus no surgen problemas, ¿está totalmente protegida?

4 ¿Son seguras las actualizaciones?

5 ¿Cómo encuentro un proveedor de servicios de Internet que bloquee a los ciberacosadores?

6 ¿Son iguales las *cookies* y el *spyware*?

7 ¿Y si mi antivirus no funciona?

8 ¿Cómo evito los *pop-ups*?

9 ¿En qué consiste el secuestro de una página de inicio?

10 ¿Cómo se quita el *adware* (publicidad invasiva)?

Capítulo 5

Vigilantes mundiales

En todo el planeta, los gobiernos sufren riesgos parecidos, pero a mayor escala. También ellos deben prepararse para la ciberguerra, el uso hostil de la tecnología de la información (TI) por parte de otros países. En 2003, por ejemplo, se culpó a China de entrar en sitios militares y gubernamentales de Estados Unidos en una serie de ataques apodados Titan Rain.

El ciberterrorismo es la utilización de la tecnología para sembrar el miedo por motivos políticos. Según Military Times, en 2015 un espía de Kosovo robó archivos de un vendedor en línea sobre más de mil empleados gubernamentales y militares en servicio activo de Estados Unidos, y dio nombres, direcciones y datos financieros al grupo terrorista ISIS, del Estado Islámico. ISIS publicó la información en Internet y pidió a sus seguidores que la utilizaran para cometer fraudes y agresiones físicas.

Llamar a los sombreros blancos

Amenazas como estas subrayan la importancia de los expertos en ciberseguridad para el sector privado, el gubernamental y el militar, cuyas ofertas de

Un ciberataque de 2013 a tres bancos, dos emisoras y un proveedor de servicios de Internet de Corea del Sur fue rastreado hasta una IP de China, pero pudo haberse originado en cualquier otro lugar.

trabajo van en aumento. Según *Forbes*, el mercado global de ciberseguridad movió 75,000 millones de dólares en 2015, y se espera que alcance 170,000 millones en 2020. El Bureau of Labor Statistics (BLS) de Estados Unidos calcula que los empleos de analistas en información de seguridad crecerán un 18 % entre 2014 y 2024, más que otras ocupaciones.

Los gobiernos necesitarán más personal para proteger los sistemas con información crítica, y lo mismo ocurre con los médicos que utilicen historias clínicas electrónicas. El aumento de servicios de la nube también incrementará la demanda de profesionales de seguridad TI subcontratados.

File Edit View Favorites Tools Help

MES NACIONAL DE CONCIENCIACIÓN

Mes nacional de concienciación sobre ciberseguridad

En el mes de octubre, Estados Unidos celebra una campaña nacional enfocada a la seguridad en Internet. La inició en 2003 el Department of Homeland Security y la National Cyber Security Alliance. Sus miembros incluyen al Gobierno, la industria y las organizaciones sin ánimo de lucro. Su propósito es educar al público y a los sectores privados, y darles las herramientas necesarias para que estén seguros en línea. Los organizadores subrayan la importancia de que los usuarios pongan de su parte para no correr riesgos al usar el ciberespacio, lo que incluye los dispositivos y las redes que utilizan.

Para solicitar un empleo de ciberseguridad, se necesita una licenciatura en un campo relacionado con las computadoras, más unos cinco años de experiencia. Ciertos empleadores prefieren a los solicitantes con un máster en Administración de Empresas que incluya cursos tanto financieros como computacionales.

Dónde estudiar

La seguridad de la información es un campo relativamente nuevo, por lo que muchos centros siguen desarrollando programas para las carreras. En Estados Unidos, la Agencia de Seguridad Nacional y el Departamento de Seguridad Nacional han designado una serie de instituciones como National Centers of Academic Excellence in Information Assurance/Cyber Defense (CAE IA/CD). Si se quiere trabajar en el tema, conviene mirar:

- Utica College, Utica, Nueva York.
- Maryville College, San Luis, Misuri.
- Syracuse University, Siracusa, Nueva York.
- Wilmington University, New Castle, Delaware.

Para otros centros, se debe comprobar que llevan la designación CAE IA/CD en su sitio web. Como la demanda de empleados de seguridad TI es tan alta, ciertas organizaciones ofrecen becas a los estudiantes que se dediquen a este campo. Estas incluyen:

- CyberCorps Scholarship for Service Program, US Office or Personnel Management.

La creciente demanda de expertos en ciberseguridad anima a ciertos gobiernos y organizaciones a ofrecer becas a los estudiantes que quieran dedicarse a este campo.

- Cisco Global Cybersecurity Scholarships.
- El UMBC Cyber Scholar Program, colaboración entre la Universidad de Maryland Baltimore y Northrop Grumman Foundation.

También se prefiere la experiencia laboral en un departamento TI, sobre todo como administrador o analista de sistemas o de redes. A veces

File Edit View Favorites Tools Help

OBTENER CERTIFICADOS

Obtener certificados

Los profesionales de la ciberseguridad con certificados tienen más posibilidades de encontrar trabajo que quienes carecen de ellos. Estas son algunas de las organizaciones que ofrecen certificados reconocidos:

- La Computing Technology Industry Association (CompTIA) es una asociación comercial sin ánimo de lucro que proporciona certificados TI de proveedor neutral. *Proveedor neutral* significa que la información concierne a productos de muchos fabricantes. Su certificado CompTIA Security+, que convalida los conocimientos en seguridad TI, incluye los principios básicos en seguridad de redes y gestión de riesgos.
- (ISC)^2, una organización internacional sin ánimo de lucro, ofrece el Certified Information Systems Security Professional (CISSP), certificado de proveedor neutral aplicable a aquellos con experiencia y con probada habilidad técnica y gestora. También proporciona certificados relativos a la seguridad de la nube, de sistemas, de *software*, de información médica y de ciberinformes forenses. La ciencia forense concierne a las pruebas y métodos de la investigación policial.
- El International Council of E-Commerce Consultants, o EC-Council, ofrece el Certified Ethical Hacker (CEH).

los empleadores exigen una experiencia especializada; si el trabajo consiste en la seguridad de bases de datos, por ejemplo, es posible que busquen a un administrador de bases de datos. Conviene además hacerse con un título industrial, que se consigue tanto en temas TI genéricos como en temas de seguridad.

En el trabajo

Los analistas de seguridad de la información hacen planes y toman medidas para proteger las redes y los sistemas computacionales de sus empleadores. Desarrollan normas de seguridad e instalan y utilizan programas, como cortafuegos y de encriptación de datos, que codifican la información delicada. Además, monitorizan las redes para buscar fallos; si hay alguno, investigan e informan de la extensión del daño a la dirección.

El trabajo en ciberseguridad incluye los sistemas computacionales de empresas, organizaciones y gobiernos. Muchos expertos en el tema trabajan en seguridad nacional.

Sus deberes también incluyen estar al tanto de las tendencias en seguridad y recomendar mejoras.

Algunos crean planes de desastres para recuperar la información si algo destruye los sistemas de sus cuarteles generales.

En 2015, la BLS dijo que el salario medio de los analistas de seguridad superaba en dos veces y media el salario medio nacional de cualquier ocupación. El salario medio es la cantidad media que se gana en un trabajo concreto. Dicho de otro modo, la mitad de los trabajadores gana más del salario medio y la otra mitad gana menos. Como la información sobre salarios varía, conviene mirar la BLS en línea para conocer los últimos datos.

Lo más frecuente es que los analistas de seguridad de la información trabajen para compañías de computadoras, firmas consultoras y empresas financieras o de otro tipo. Desarrollan su trabajo junto a los administradores de redes, los analistas de sistemas y demás personal TI, como los directores de sistemas de información y computación o los directores de tecnología. En la cadena de mando, suelen informar directamente a la alta gerencia. En cuestión de horario, la mayoría trabaja a tiempo completo, y ciertos empleados deben estar localizables por teléfono fuera del horario laboral. En 2014, la BLS dijo que más o menos el 25 % trabajaba más de cuarenta horas semanales.

Actuar con prudencia

El primer paso para protegerse en línea es conocer los riesgos del uso de dispositivos inalámbricos conectados a Internet. El siguiente es su uso adecuado. El último es hacer todo lo posible para evitar el lado oscuro de la red, siendo consciente de que hay estafas, acosadores y depredadores.

Ya interese solo la protección personal y de los dispositivos o se planee una carrera en ciberseguridad, vale la pena aprender lo máximo posible sobre *software* y buenas prácticas para mantenerse a salvo en línea. Ahí afuera hay delincuentes esperando. No nos convirtamos en su presa.

GLOSARIO

ataque DDoS Intrusión ilegal en un sistema de computadoras con el fin de impedir que los usuarios legítimos accedan a información o servicios. Consiste en saturar el servidor computacional con más información de la que puede manejar.

byte Unidad de medida que describe la cantidad de memoria de una computadora.

ciberseguridad Rama de la seguridad que sirve a los usuarios para impedir que sus computadoras, redes, datos y *software* sean dañados o invadidos.

gusano Programa que utiliza partes del sistema operativo sin conocimiento del usuario. Como se copia a sí mismo sin parar, se apropia de tantos recursos de la computadora que acaba por detenerla.

malware *Software* malicioso, programas que siembran el caos en un *software* objetivo.

número de identificación personal (PIN, por sus siglas en inglés) Combinación única de dígitos que permite a los clientes de un banco acceder a los cajeros.

parche Pieza de código diseñada para arreglar un error o un problema de *software* en un programa o un sistema operativo. Algunos solucionan fallos de seguridad.

puntos de acceso wifi Lugares públicos donde se accede a Internet mediante una señal wifi.

terminales punto de venta (TPV) Sistemas donde los compradores deslizan su tarjeta de crédito o débito para pagar sus compras.

test de penetración Prueba realizada por un experto en ciberseguridad para identificar los puntos débiles de un sistema de computadoras y recomendar cómo fortalecerlos para impedir el pirateo.

troyano Virus computacional que invade un sistema ocultando al usuario su verdadera naturaleza, por ejemplo con un disfraz digital.

usurpación de personalidad (*phishing*) Delito consistente en recopilar información de otra persona para actuar como si fuera ella.

PARA MÁS INFORMACIÓN

Canadian Cyber Incident Response Centre (CCIRC)
Public Safety Canada
National Cyber and Security Branch
340 Laurier Avenue West
Ottawa, ON K1A 0P8
Canadá
(800) 830-3118
Sitio web: https://www.publicsafety.gc.ca/cnt/ntnl-scrt/cbr-scrt/ccirc-ccric-en.aspx
Facebook: @GetCyberSafe
Twitter: @GetCyberSafe
CCIRC es un centro de coordinación canadiense encargado de reducir los ciberriesgos en los sistemas y servicios del país. Trabaja con Public Safety Canada, así como con ciudades, provincias, territorios y organizaciones del sector privado.

Canadian Cyber Threat Exchange (CCTX)
1600 James Naismith Drive, First Floor
Ottawa, ON K1B 5N8
Canadá
(613) 747-2283
Sitio web: https://cctx.ca
Facebook: @canadian cyber threat exchange – cctx
Esta organización sin ánimo de lucro comparte información de ciberseguridad con particulares y empresas canadienses. Recopila y analiza ciberamenazas y alerta a sus miembros.

Center for Internet Security (CIS)
31 Tech Valley Drive, Suite 2
East Greenbush, NY 12061

(518) 266-3460
Sitio web: https://www.cisecurity.org
Facebook: @CenterforIntSec
Twitter: @CISecurity
Esta organización sin ánimo de lucro desarrolla las mejores prácticas para mantener la seguridad de datos y sistemas. Se centra en la prevención de ciberamenazas, la respuesta y la recuperación.

Information Systems Security Association International (ISSA)
11130 Sunrise Valley Drive, Suite 350
Reston, VA 20191
(703) 234-4077
Sitio web: http://www.issa.org
Facebook: @ISSAIntl
Twitter: @ISSAINTL
ISSA es una organización internacional de especialistas en seguridad computacional que ofrece a sus miembros foros educativos, publicaciones y otros métodos para mejorar su evolución profesional.

International Association of Privacy Professionals (IAPP)
Pease International Tradeport
75 Rochester Avenue, Suite 4
Portsmouth, NH 03801
(603) 427-9200
Sitio web: https://iapp.org
Facebook: @IAPPprivacypros
Twitter: @PrivacyPros
Esta organización mundial está destinada a profesionales de la industria de seguridad TI (tecnología de la información). Elabora y publica los únicos programas con validez mundial en el campo.

SANS Institute
8120 Woodmont Avenue, Suite 310
Bethesda, MD 20814
(301) 654-7267
Sitio web: https://www.sans.org
Facebook: @sansinstitute
Twitter: @SANSInstitute
El instituto SANS es una organización de investigación y formación destinada a la preparación en seguridad de la información y ciberseguridad.

Venus Cybersecurity Corporation
255 Centrum Boulevard, Suite 102
Ottawa, ON K1E 3W3
Canadá
(613) 696-0206
Sitio web: http://www.venuscyber.com
Facebook: Venus Cybersecurity
Esta organización internacional sin ánimo de lucro da a sus miembros la capacidad de enfrentarse a los desafíos de la ciberseguridad.

Sitios de Internet

Debido a la naturaleza cambiante de los enlaces de Internet, la Editorial Rosen dispone de una lista de sitios en línea relacionados con el tema de este libro. Este sitio se actualiza con regularidad. Use este enlace para acceder a la lista:

http://www.rosenlinks.com/DIL/Cybersecurity

MÁS LECTURAS

Bernard, Romily. *Find Me*. New York, NY: HarperTeen, 2014.

Dalziel, Henry. *Introduction to US Cybersecurity Careers*. Waltham, MA: Syngress, 2015.

Goodman, Marc. *Future Crimes*. New York, NY: Doubleday, 2015.

Grant, Bell. *The Top 10 Cyber Careers: And What It Takes to Get One!* IT Learning Plus, 2016.

Isaacson, Walter. *The Innovators*. New York, NY: Simon and Schuster, 2014.

Lapsley, Phil. *Exploding the Phone: The Untold Story of the Teenagers and Outlaws Who Hacked Ma Bell*. Berkeley, CA: Grove Press, 2014.

Littman, Sarah. *In Case You Missed It*. New York, NY: Scholastic, 2016.

Meeuwisse, Raef. *Cybersecurity for Beginners*. Canterbury, Kent, UK: Lulu Publishing, 2015.

Rauf, Don. *Getting to Know Hackety Hack*. New York, NY: Rosen Publishing, 2015.

Schober, Scott N. *Hacked Again*. Metuchen, NJ: ScottSchober.com Publishing, 2016.

Stryker, Cole. *Hacking the Future*. New York, NY: Overlook Duckworth, 2012.

Zetter, Kim. *Countdown to Zero Day*. New York, NY: Broadway Books, 2014.

BIBLIOGRAFÍA

Bestcolleges.com. "Best Online Cybersecurity Programs." Retrieved February 9, 2017. http://www.bestcolleges.com/features/top-online-bachelors-in-cybersecurity.

Connect Safely. "A Parents' Guide to Cyberbullying." July 23, 2016. http://www.connectsafely.org/cyberbullying.

Edwards, Jim. "The Incredibly Clever Way Thieves Stole 40 Million Credit Cards From 2,000 Target Stores In A 'Black Friday' Sting." *Business Insider*, December 19, 2013. http://www.businessinsider.com/target-credit-card-hackers-2013-12.

GrayHat4Life. "7 Types of Hackers You Should Know." September 9, 2015. https://www.cybrary.it/0p3n/types-of-hackers.

Gregory, Peter H. *Getting an Information Security Job for Dummies*. Hoboken, NJ: John Wiley & Sons, 2015.

Julian, Ted. "Defining Moments in the History of Cyber-Security and the Rise of Incident Response." *Infosecurity*, December 4, 2014. https://www.infosecurity-magazine.com/opinions/the-history-of-cybersecurity.

Kamberg, Mary-Lane. *Becoming a Database Administrator* (Tech Track: Building your Career in IT). New York, NY: Rosen Publishing, 2018.

Kedmey, Dan. "Target Expects $148 Million Loss from Data Breach." *Time,* August 6, 2014. http://time.com/3086359/target-data-breach-loss.

Kovacs, Nadia. "How To Set Up and Secure Your New Tech." Norton Community, February 6, 2017. https://community.norton.com/en/blogs/norton-protection-blog/how-set-and-secure-your-new-tech?om_em_cid=hho_email_US_BLST_ACT_CLUBNORTON_2017_02.

Landesman, Mary. "Choose the Right Antivirus Software for Your PC" Lifewire.com, August 14, 2016. https://www.lifewire.com/antivirus-software-for-your-pc-152983.

McDowell, Mindi. "Understanding Denial-of-Service Attacks." US Computer

Emergency Readiness Team, February 6, 2013. https://www.us-cert.gov/ncas/tips/ST04-015.

Miller, Lawrence C. *Cybersecurity for Dummies*. Hoboken, NJ: John Wiley & Sons, 2016.

Robinson, Erin. "What Is a Computer Worm?" Product Central, October 5, 2012. http://blog.productcentral.aol.com/2012/10/05/computer-worm.

Stay Safe Online. "ID Theft, Fraud & Victims of Cybercrime." Retrieved March 28, 2017. https://staysafeonline.org/stay-safe-online/protect-your-personal-information/id-theft-and-fraud.

Stay Safe Online. "Malware and Botnets." Retrieved February 4, 2017. https://staysafeonline.org/stay-safe-online/keep-a-clean-machine/malware-and-botnets.

Symantec Corporation. "What Is the Difference Between Viruses, Worms, and Trojans?" September 30, 2016. http://www.symantec.com/docs/TECH98539.

Wharton School. "Mobile Devices and Cybercrime: Is Your Phone the Weakest Link?" June 5, 2013. Retrieved March 28, 2017. http://knowledge.wharton.upenn.edu/article/mobile-devices-and-cybercrime-is-your-phone-the-weakest-link.

ÍNDICE

A

amenazas, 6–7, 17–18, 28, 30, 32
analista de seguridad, 33, 36–38
analista de sistemas, 36, 38
antivirus, 18–20, 24, 31

B

bloatware, 21
botnet, 17–18

C

ciberacoso, 28
ciberdelito, 4, 22
ciberguerra, 32
ciberintimidación, 27
ciberseguridad, 5, 12, 32–34, 36, 38–39
  dónde estudiar, 34–35
  en el trabajo, 37–38
  experiencia laboral, 36
  perspectivas laborales, 33–34, 37–38
  títulos de, 36
ciberterrorismo, 32

D-E

denegación de servicio (DoS, por sus siglas en inglés), ataque, 7–8
denegación de servicio distribuido (DDoS, por sus siglas en inglés), 8, 17, 18
estafas, 6, 22, 38

G

gusano, 13, 15–16
gusano Morris, 7–8, 12

H

hacker, 8–13, 17, 25–26, 36
  sombrero blanco, 9, 11, 32
  sombrero gris, 9, 11–12
  sombrero negro, 9–12

M

malware, 7, 13, 15–17, 19, 23–24, 26
  síntomas de, 24
mes nacional de concienciación sobre ciberseguridad, 34
mitos y hechos, 25

P

parche, 20–21
phishing, 17, 22
pirata (ver *hacker*), 8–13, 17, 25–26, 36
preguntas para un experto, 31
prevención y seguridad, 28–30

R-S

redes sociales, 6, 23, 27
seguridad, 12, 18, 20–21, 29, 33–38
spyware, 13, 16, 31

T

terminal punto de venta (TPV), 4
test de penetración, 10
troyano, 13–14
troyano Netbus, 13–14

U-V

usurpación (apropiación, robo)
de identidad, 6, 26–27
virus Brain, 7
virus de computadora, 7, 10–11, 13–16,
21, 25

Acerca de la autora

Mary-Lane Kamberg, escritora y oradora, es autora de varios libros de Rosen sobre la industria TI (tecnología de la información, o IT, por sus siglas en inglés): *Getting a Job in the IT Industry*; *Evan Williams, Biz Stone, Jack Dorsey, and Twitter*; *Becoming a Database Administrator* y *Becoming a Network Administrator*. Su tarjeta de débito sufrió el pirateo de 2013 en la cadena de tiendas Target.

Créditos fotográficos

Cubierta, p. 1 (de izquierda a derecha) Georgejmclittle/Shutterstock.com, Jeff Wasserman/Shutterstock.com, deepadesigns/Shutterstock.com, Rawpixel.com/Shutterstock.com; p. 5 Marx Bruxelle/Shutterstock.com; p. 8 Adam Crowley/Photodisc/Getty Images; p. 9 Jean-Louis Atlan/Sygma/Getty Images; p. 10 George Sheldon/Shutterstock.com; p. 15 JMiks/Shutterstock.com; p. 16 Alex Fradkin/Photographer's Choice/Getty Images; p. 20 wavebreakmedia/Shutterstock.com; p. 21 m-imagephotography/iStock/Thinkstock; p. 24 Golubouvy/Shutterstock.com; p. 27 Antonio Guillem/Shutterstock.com; p. 28 AIMSTOCK/E+/Getty Images; p. 30 © iStockphoto.com/PeopleImages; p. 33 Chung Sung-Jun/Getty Images; p. 35 Phovoir/Shutterstock.com; p. 37 Echo/Juice Images/Getty Images; cubierta y páginas interiores (píxeles) © iStockphoto.com/suprun.

Diseñador: Nichole Russo-Duca; Puesta en papel: Raúl Rodriguez; Director editorial, español: Nathalie Beullens-Maoui; Editor: Ana María García; Investigador fotográfico: Karen Huang